BEI GRIN MACHT SICH IHR WISSEN BEZAHLT

- Wir veröffentlichen Ihre Hausarbeit, Bachelor- und Masterarbeit

- Ihr eigenes eBook und Buch - weltweit in allen wichtigen Shops

- Verdienen Sie an jedem Verkauf

Jetzt bei www.GRIN.com hochladen und kostenlos publizieren

Bibliografische Information der Deutschen Nationalbibliothek:

Die Deutsche Bibliothek verzeichnet diese Publikation in der Deutschen National-bibliografie; detaillierte bibliografische Daten sind im Internet über http://dnb.d-nb.de/ abrufbar.

Impressum:

Copyright © 2008 GRIN Verlag, Open Publishing GmbH
Druck und Bindung: Books on Demand GmbH, Norderstedt Germany
ISBN: 9783640600106

Dieses Buch bei GRIN:

http://www.grin.com/de/e-book/148251/alan-dundes-sie-mich-auch

Daniel Jungblut

Alan Dundes - Sie mich auch!

Resümee und Rezension

GRIN Verlag

GRIN - Your knowledge has value

Der GRIN Verlag publiziert seit 1998 wissenschaftliche Arbeiten von Studenten, Hochschullehrern und anderen Akademikern als eBook und gedrucktes Buch. Die Verlagswebsite www.grin.com ist die ideale Plattform zur Veröffentlichung von Hausarbeiten, Abschlussarbeiten, wissenschaftlichen Aufsätzen, Dissertationen und Fachbüchern.

Besuchen Sie uns im Internet:

http://www.grin.com/

http://www.facebook.com/grincom

http://www.twitter.com/grin_com

DANIEL JUNGBLUT

ALAN DUNDES – SIE MICH AUCH!

RESÜMEE UND REZENSION

INHALT

1. EINLEITUNG

Als Alan Dundes am 30. März 2005 starb[1], sagte George Breslauer, Vizekanzler der University of Berkeley: *„To call Alan Dundes a giant in his field is a great understatement, he virtually constructed the field of modern folklore studies and trained many of its most distinguished scholars."*[2] Dabei ist der Titel des Nachrufs in der Los Angeles Times ambivalent: *Folklorist Drew Laughs and Hostility.*[3] Dundes' kontroversen Thesen gaben immer wieder Anstoß für heftige Reaktionen; das hier diskutierte Buch bildet keine Ausnahme. Es behandelt die zahlreichen skatologischen Tendenzen der deutschen Sprache, Literatur und bildenden Kunst, und erörtert sie anhand der psychoanalytischen Theorie vor der Folie des Nationalcharakters. Aufgrund seiner Betrachtungen konstatiert Dundes eine Analfixierung der deutschen Gesellschaft, welche er als grundlegenden Charakterzug jeglichen deutschsprachigen Kulturgutes ansieht.

Dundes publiziert das Buch 1984 unter dem Originaltitel *Life is Like a Chicken Coop Ladder*, wobei es sich um eine essayistische Ausarbeitung eines Vortrags handelt, den er 1980 auf dem Jahreskongress der American Folklore Society als Präsidialansprache hielt.[4] Die Reaktionen auf den ursprünglichen Vortrag beschreibt der Autor selbst als *„lauwarm"*[5]. Außerdem gibt er an, dass manche deutschen Wissenschaftler sich sehr negativ äußerten. Er führt diese Beobachtung auf die Widerstände zurück, welche die Untersuchung eines tabuisierten Themas nach sich ziehe.[6] *„Die Tatsache, daß bisher niemand das Thema als Forschungsgegenstand gewählt hat, sagt mehr über akademische Sitten als über die Legitimität des Themas aus."*[7]

Die Argumentationsstruktur des Buches soll nun herausgearbeitet und einige der von Dundes angeführten Beispiele in diesen Kontext mit einbezogen werden. Im Kapitel *Ausgangspunkt* wird zunächst die ausgehende Fragestellung erläutert, und zentrale Begriffe der Argumentation behandelt. Das Kapitel *Beispiele* stellt einige der empirischen Erhebungen des Buches vor und ordnet sie in die Argumentation ein. Unter *Motivation* wird die von Dundes angewandte psychoanalytische Deutung der Phänomena dargelegt. In *Zusammenfassung und Kritik* werden die Thesen des Buches geordnet, und eine Gegenposition referiert; dabei liegt das Augenmerk auf Schwachstellen in der Argumentation.

---

[1] Alle biographischen Daten nach Angaben der University of Berkeley auf *http://anthropology.berkeley.edu/*, Stand: Juli 2007.

[2] Zit. n. d. Nachruf der American Folklore Society auf *www.afsnet.org* , Stand: Juli 2007.

[3] Vgl.: *Los Angeles Times* vom 03. April 2005.

[4] Vgl.: A. Dundes, *Sie mich auch!*, München 1987, S. 7; im folgenden zitiert als ‚Dundes'.

[5] Dundes, S. 7f.

[6] Vgl. Ebd.

[7] Ebd.

2. AUSGANGSPUNKT DES BUCHES

Das Buch beginnt mit einer Frage: *„In welchem Umfang, wenn überhaupt, spiegelt die Folklore einer bestimmten Gruppe den besonderen Charakter dieser Gruppe wider?"*[8] Diese Frage kann mithin als Kernfrage des Buches angesehen werden – daran anschließend versucht Dundes, *„die konfigurationale Natur des Nationalcharakters"*[9] darzulegen. Die darauf folgende Argumentation gruppiert sich demgemäß um die zentralen Begriffe *Nationalcharakter* und *Folklore.* Letzterer wird schließlich durch den Begriff des *Oicotypus* konkretisiert.

Als Nationalcharakter definiert Dundes *„eine empirisch verifizierbare Anhäufung oder Kombination spezifischer Persönlichkeitseigenschaften, die einer bestimmten nationalen (oder ethnischen) Gruppe gemein sind".*[10] Dieser sei dabei nicht biologischer oder geographischer, sondern kultureller und allgemein ethnischer Natur. Obwohl Dundes darüber keine Angaben macht, kann aus der Verwendung allgemein deutschsprachigen Materials auf eine Kulturnation ohne dezidiert staatliche Eingrenzung geschlossen werden. Darauf weist auch seine Diskussion regionaler Unterschiede hin: Zwar räumt er ein, dass es *„deutsche regionale Volksstrukturen* [gibt], *jede mit ihrem eigenen Gefühl territorialer, kultureller und häufig auch mundartlicher Integrität"*, allerdings nimmt er Eigenschaften an, *„die allen deutschsprachigen Völkern gemein sind."*[11] Dundes trennt dabei den Nationalcharakter scharf von nationalen Stereotypen. Pointiert formuliert er: *„Der Nationalcharakter zeigt, wie Menschen tatsächlich s i n d, wohingegen Nationalstereotypen zeigen, wie sie sich selbst und andere w a h r n e h m e n."*[12]

Der nationale oder ethnische Charakter reflektiere sich dergestalt *„in projektiven Materialien und beinhaltet Kunst, Musik, Literatur, Küche, Medizin"*[13], und artikuliere sich weiterhin in kulturellen Manifestationen wie Dialekten, Sprichwörtern, Rätseln, Witzen, Spielen und Volksliedern. Diese Phänomena, in anglo-amerikanischer Tradition im Folgenden Folklore genannt, sieht Dundes als *„eine Art autobiographische Ethnographie"*[14]. Durch die unbefangene Produktion des Materials spiegle sich in der Folklore eines Volkes Persönlichkeitsmerkmale wider, die nicht durch A-priori-Annahmen des Sozialwissenschaftlers verfälscht wurden. So sei es möglich, eine Kultur *„von innen nach außen zu betrachten."*[15]

---

[8] Dundes, S. 11.
[9] A. a. O., S. 16.
[10] A.a.O., S. 16.
[11] A. a. O., S. 17.
[12] Ebd.; Hervorhebung im Original.
[13] A. a. O., S. 14.
[14] A. a. O., S. 15.
[15] Ebd.

Bei einer derartigen Ethnographie offenbare sich jedoch eine Diskrepanz zwischen anthropologischem und volkskundlichem Ansatz:

> *„Historisch war das Problem, daß Anthropologen versucht haben etwas zu beschreiben, von dem sie behaupteten, es seien kulturell bedingte Erscheinungsformen, ohne die notwendigen (und vorhandenen) Vergleichsdaten heranzuziehen. Dagegen verfügen die Volkskundler über umfangreiche vergleichende Untersuchungen individueller Bräuche, Volkssagen und ähnlichem Material, ohne zu versuchen, die Variationen und Abweichungen zu möglichen besonderen nationalen Neigungen oder Vorlieben in Beziehungen zu setzen.“*[16]

Daraus werde ersichtlich, dass der anthropologische Positivismus einen volkskundlichen Vergleich benötige, bei dem das erhobene Material einer kulturellen Gemeinschaft zu dem einer anderen in Relation gesetzt werden müsse. Als unhaltbar habe sich nämlich bei einer rein anthropologischen Empirie die Position erwiesen, *„daß die Folklore einer Gruppe erstens einzigartig oder ausschließlich Eigentum dieser Gruppe war und zweitens, daß die Folklore dieser Gruppe Anhaltspunkte für die Persönlichkeitszüge dieser Gruppe aufwies.“*[17] Deshalb erscheine es sinnvoll, die erhobenen Daten auf Lokalität und spezifische Ausprägung zu prüfen.

An dieser Stelle führt Dundes das Konzept des *Oicotypus* ein, als Konkretisierung und Spezialisierung des Begriffes Folklore. Ausgehend von der volkskundlichen Definition als Lokalform einer Legende, eines Volksliedes oder ähnlicher Kulturphänomena, *„wobei lokal im Hinblick auf entweder geographische oder kulturelle Faktoren definiert wird“*[18], weitet Dundes das Konzept auf die gesamte Folklore aus, um diese zu lokalisieren: Der Oicotypus wird zur kulturspezifischen Folklore, welche somit die genuinen Eigenschaften und Persönlichkeitsmerkmale einer Kulturnation vergleichbar macht.

3. BEISPIELE

> *„In der deutschen Folklore findet man eine Unzahl von Texten, die sich mit der Analität beschäftigen. Scheiße Dreck, Mist, Arsch und ähnliche Ausdrücke sind alltäglich. Volkslieder, Volkssagen, Sprichwörter, Rätsel, Mundart – alle bezeugen ein anhaltendes besonderes Interesse der Deutschen an diesem Gebiet menschlicher Aktivität.“*[19]

Diese Erkenntnis dient als roter Faden der Empirie des Buches. Dundes führt in diesem Sinne Beispiele aus der deutschen Folklore an, und bezieht sich darüberhinaus auf Äußerungen verschiedener historischer Persönlichkeiten, um seine Annahme zu stützen.

Das Leitmotiv bildet ein Sprichwort, dessen englisches Pendant auch Titel der Originalveröffentlichung ist: *„Das Leben ist wie eine Hühnerleiter – kurz und beschissen.“*[20] Dun-

---

[16] A. a. O., S. 13.
[17] A. a. O., S. 11.
[18] Dundes, S. 12.
[19] A. a. O., S. 18.
[20] Ebd.

des sammelte zwischen 1979 und 1982 während mehrerer Besuche in Deutschland zahlreiche Varianten dieser Redensart. Trotz mannigfaltiger Variationen des Inhaltes[21] ist die Kernaussage stets gleich: In einer Metapher wird das Leben oder der Lebensweg in pessimistischer Weise mit einem fäkaliennahen Gegenstand verglichen.

Die Hühnerleiter-Metapher kann demnach als programmatische Dokumentation der Buch-Hypothese angesehen werden: *„Es sind die Deutschen* [...] *in ihrer Folklore, die schon immer gesagt haben, dass das Leben eine Hühnerleiter ist."*[22]

Im Folgenden ist eine Auswahl der im Buch in losem Zusammenhang angeführten Beispiele zu finden, die in vier verschiedene Topoi eingeteilt sind: *Sprache, Alltagskultur, Literatur* und *Persönlichkeiten*, wobei unter *Alltagskultur* verschiedene materielle und immaterielle Phänomena zu verstehen sind, welche sich nicht eindeutig unter den anderen Punkten subsumieren lassen. Schließlich wird im Abschnitt *Antisemitismus* die kontroverseste These des Buches fokussiert, und die angenommene Verbindung von Analfixierung und Shoa betrachtet.

A. SPRACHE

Die deutsche Sprache, so Dundes, konstituiere sich zu großen Teilen durch Ausdrücke aus dem fäkalen bzw. analen Bereich. *„Scheiße, Dreck, Mist, Arsch und ähnliche Ausdrücke sind alltäglich.* [...] *Es würde viel zu weit führen, jeden deutschen idiomatischen Ausdruck – sei er wortwörtlich oder metaphorisch – der sich mit dem Akt der Defäkation beschäftigt, aufzulisten."*[23] In Anlehnung an Ernest Borneman kommt er zu dem Schluss, *„daß kein anderes europäisches Volk in seinem Slang eine solche Anzahl anal-erotischer Begriffe verwendet wie die Deutschen."*[24] Dabei räumt er jedoch ein, dass nicht alle derartigen Worte als obszön gelten würden, und verweist auf zahlreiche Dialekte, in denen es auch entsprechende Zuneigungsbekundungen gäbe, wie beispielsweise das hanseatische *„Min lütten Schietbüttel".*[25]

Exemplarisch führt Dundes den Begriff „Scheiße" an: *„‚Scheiße' wird im Alltagsdeutsch in ziemlich anderer Art und Weise gebraucht, als ‚shit' in der anglo-amerikanischen Kultur."*[26] Während im englischsprachigen Raum oft sexuell oder religiös geflucht werde,[27] verwendeten die Deutschen allerlei Variationen des Wortes „Scheiße": „Scheißdreck", „Scheißding", „scheißegal", „scheiß drauf", „verdammte Scheiße". Dazu kommen Redensarten im synonymen Bereich: „Die Kacke ist am dampfen", „Die Nase in den eigenen Dreck stecken" und „Der kann nicht einmal allein aufs Scheißhaus gehen".[28]

---

[21] Etwa durch Veränderung des Nachsatzes in „beschissen von oben bis unten" oder „man kommt vor lauter Dreck nicht weiter".
    Auch finden sich Abänderungen der Metapher, so dass sich das Leben wahlweise wie ein Kinderhemd („kurz und beschissen"), eine Brille („man macht viel durch") oder ein Lokus („man macht viel durch – oft ist es Mist") gestaltet. Vgl. dazu Dundes, S. 18ff

[22] A. a. O., S. 129.

[23] Dundes, S. 18.

[24] A. a. O., S. 25; Siehe auch: E. Borneman, *Sex im Volksmund: Die sexuelle Umgangssprache des deutschen Volkes*, Hamburg 1971.

[25] A. a. O., S. 27.

[26] Ebd.

[27] Vgl. A. a. O., S. 50f.

[28] Vgl. A. a. O., S. 25.

Begründet wird dies mit dem als Tatsache angenommenen täglichen Interesse der Deutschen am Defäkationsakt, und einem Postulat: *„Viele erwachsene Deutsche fragen sich jeden Morgen ‚Werde ich heute Stuhlgang haben?'. Familienmitglieder können sich über diese Angelegenheit ziemlich lange unterhalten."*[29]

B. ALLTAGSKULTUR

Aus dem Bereich des alltäglichen Umgangs mit skatologischen Themen führt Dundes zahlreiche Fälle an. In Anlehnung an Ernest Borneman[30] nennt er beispielsweise eine große Menge *„Auszählreime der Drei- bis Fünfjährigen [, die] größtenteils skatologisch orientiert sind, und sich auf Fäkalien und After konzentrieren."*[31] Ähnliches fände sich bei Kinderspielen, die sich in vielerlei Hinsicht mit tabuisierten, fäkalen Themen beschäftigten. Ein eindrückliches Beispiel liefert Dundes mit einer Variante des Blindekuh-Spiels unter Berufung auf Alfred Adler[32]:

> *„Bei diesem Spiel werden einem Knaben die Augen verbunden. Ein anderer Junge uriniert in dessen Tasche oder er wird von den im Kreis um ihn Stehenden angepinkelt, oder die ‚Blindekuh' [...] bekommt ein Stück Fäkalie in die Hand."*[33]

Ebenfalls als genuin deutsches Phänomen behandelt Dundes die kulturelle Stellung von Kuhmist, *„dem in der deutschen Kultur eine besondere Zuneigung gilt."*[34] Dafür greift er auf Mark Twain zurück, der 1880 in seinem Reisebericht „A Tramp Abroad" die herausragende Stellung des Misthaufens in der deutschen Kultur dokumentiert. Anhand des Misthaufens einer Familie ließe sich deren Wohlstand abschätzen:

> *„Je mehr Tiere einer Familie gehörten, desto größer war der Misthaufen. Die Beziehung von Misthaufen zu Reichtum ist in der deutschen Kultur ein altes Motiv."*[35]

Daran schließt sich eine Betrachtung des Nachttopfes[36] und der Figur des Dukatenscheißers, die *„jederman vertraut"* sei.[37] Demnach fände sich auch hier eine besondere Vorliebe der Deutschen für Ausscheidungen, bzw. speziell für den Prozess des Ausscheidens, woraus Dundes auch *„die deutsche Liebe für Blasinstrumente – insbesondere Blechblasinstrumente"* ableitet, *„wie es aus dem Humtata der deutschen Biergarten-Kapellen und dem kultivierten Einsatz in der Musik von Beethoven und Wagner offensichtlich"*[38] sei.

---

[29] A. a. O., S. 28.
[30] E. Bornemann, *Unsere Kinder im Spiegel ihrer Reime, Verse und Rätsel* (= *Studien zur Befreiung des Kindes I*), Olten 1973 und Ders., *Die Umwelt des Kindes im Spiegel seiner „verbotenen" Lieder, Reime, Verse und Rätsel* (= *Studien zur Befreiung des Kindes II*), Olten 1974.
[31] Dundes, S. 35.
[32] A. Adler, *Erotische Kinderspiele*, in: *Anthropophyteia Jahrbücher 5/1908*, S. 184-186.
[33] Dundes, S. 31.
[34] A. a. O., S. 24.
[35] A. a. O., S. 21.
[36] Vgl. A. a. O., S. 27ff; Dundes betrachtet einerseits die Verbreitung des Nachttopfes als Ziergegenstand, aber auch den Umgang mit der allgemeinen Toilettenthematik, sei es nun chronistisch in der von der Zeitschrift *Stern* 1979 herausgegebene „*Geschichte des Klo*", oder als Konzept des Berliner Szenelokals *Klo*.
[37] Vgl. A. a. O., S. 73f; Zitat ebd.
[38] A. a. O., S. 99.

Die allgemeine Fäkalienbegeisterung münde unter Anderem in einer „*Freude am Baden im Schlamm*"[39], weshalb es auch vielerorts praktiziert würde:

> „*Schon die bloße Erwähnung eines Schlammbades scheint ein Paradox zu sein, doch braucht man nur einen flüchtigen Blick auf eine Deutschlandkarte zu werfen, um eine Reihe von Städten und Orten zu entdecken, deren Name das Wort ‚Bad' beinhaltet, Baden-Baden, Wiesbaden und so weiter.*"[40]

Dundes deutet die verbreitete (Schlamm-)Bäderkultur als Versuch, die Dychotomie „sauber/schmutzig" zu überwinden: „*Man badet, um sich zu säubern, aber man badet im Schlamm, um im ‚Schmutz' zu schwelgen.*" Daher würden sich auch „*Schlammringkämpfe zwischen halbnackten Frauen [...] einer gewissen Beliebtheit in Deutschland*"[41] erfreuen.

Als einen weiteren Aspekt der deutschen Kultur nimmt Dundes die Erfindung des Buchdrucks an:

> „*Jedes Schulkind lernt, daß die Druckerpresse im fünfzehnten Jahrhundert in Deutschland erfunden wurde, und daß Johann Gutenbergs Bibel das erste gedruckte Buch war.*"[42]

Anhand der mit dem Druckerhandwerk verbundenen Traditionen, sowie unter Einbeziehung verschiedener Reime und Rätsel[43] stellt Dundes auch hier eine Verbindung zum Analen her:

> „*die spezifische Assoziation des Druckens von Lettern in schwarz gefolgt von einem kräftigen Tunken des Hinterteils auf einen Schwamm, läßt auf einen analen Zusammenhang mit dem Buchdrucken schließen.*"[44]

C. LITERATUR

Da sich der analorientierte Nationalcharakter nicht nur in der Alltagskultur, sondern auch in der Hochkultur niederschlage,[45] verweist Dundes auf einige Beispiel in deutscher Literatur. Als einen frühen Beleg seiner These sieht er dabei die Sittenparodie „*Grobianus*" des Renaissance-Schriftstellers Friedrich Dedekind von 1551, in der verschiedene fäkalische Unsitten erläutert werden. Ein anderes Beispiel sei „*Der abenteuerliche Simplicissimus Teutsch*" von Hans Jakob Christoffel von Grimmelshausen aus dem Jahre 1668. Aus diesem Werk werden zahlreiche skatologische Eskapaden des Protagonisten aufgelistet, die sich (wie auch bei Dedekind) speziell auf Enkopresis oder Stuhlinkontinenz beziehen.[46]

---

[39] Ebd.
[40] Dundes, S. 100.
[41] Ebd.
[42] A. a. O., S. 101.
[43] Vgl. A. a. O., S. 102; Unter Anderem „*Welcher Unterschied ist zwischen einem Hund und einem Buchdrucker? – Der Buchdrucker setzt erst und druckt dann, der Hund drückt erst und setzt dann.*".
[44] Ebd.
[45] Vgl. A. a. O., S. 40.
[46] Vgl. A. a. O., S. 33f.

Diese Faszination des Stuhlgangs, wie sie Dundes auch bei Heinrich Böll[47] und Günter Grass[48] festzustellen glaubt, münde dementsprechend in einer intensiven Beschäftigung mit der Toilette. So zitiert er aus Bertold Brechts „Baal" die Verse „*Orge sagte mir: Der liebste Ort / Auf Erden ihm immer der Abort.*"[49] Dem schließt sich ein Verweis auf Erich Maria Remarque an, der zwei Seiten seines Buches „*Im Westen nichts Neues*" ebenfalls diesem Thema widmet.[50]

Besonders große literarische Bedeutung misst Dundes einer speziellen, sehr variantenreichen Redewendung bei:

> „*Keine Diskussion der deutschen Vorliebe für Angelegenheiten wäre vollständig ohne die Erwähnung der wahrscheinlich populärsten (und beleidigensten) Aufforderung in Deutschland [...] Die Wirkung buchstäblich Dutzender und Aberdutzender von Sprichwörtern, Rätseln, Volksliedern, Volkssagen, Witzen, Volksgedichten u. ä. hängt von der Artikulation des ,Leck mich im Arsch' ab.*"[51]

Als bekanntester Bezugspunkt gilt dafür Johann Wolfgang von Goethes „*Götz von Berlichingen*" aus dem Jahr 1773, aber auch der „*Simplicissimus*" enthält derlei Anspielungen. Als prominenten Antropomorphismus dieser Redewendung nennt Dundes Till Eulenspiegel, dessen Namen er etymologisch auf „*Arsch-Wischen*" zurückführt, und in dessen Streichen sich zahlreiche skatologische Bezüge finden.[52]

D. PERSÖNLICHKEITEN

Um seine Hypothese zu stützen, betrachtet Dundes das Wirken von „*führenden Persönlichkeiten der deutschen Kultur*", und konzentriert sich dabei „*auf einige der vielen Menschen, die sich in der deutschsprachigen Welt ihren Weltruf erworben haben*", um an Ihnen exemplarisch den deutschen Nationalcharakter aufzuzeigen.In solchen Personen von Weltruf müsse, so Dundes, der deutsche Nationalcharakter (so er existiert) kulminieren.[53] Ausgehend von der ihnen im Buch gewidmeten Aufmerksamkeit sind die vier führenden deutschen Persönlichkeiten Luther, Goethe, Mozart und Hitler.

> „*Martin Luther /1483 – 1546) bietet ein ziemlich eindrucksvolles Beispiel aus dem frühen sechzehnten Jahrhundert. Es war sicherlich kein Zufall, daß seine kritische Eingebung, individueller Glaube sei wichtiger als päpstliches Dogma, [...] ihm gerade in dem Augenblick vom Heiligen Geist eingegeben wurde, als er in einem Turm auf dem Klo saß.*"[54]

Luther offenbare darüber hinaus in seinen Schriften (speziell den Tischreden) einen eindeutigen Hang zur analen Metapher, und auch seine Konfrontationen mit dem Teufel

---

[47] A.a.O., S. 43; Hier bezieht Dundes sich explizit auf „*Gruppenbild mit Dame*" von 1971, verweist jedoch für ausführliche Recherche auf D. Rollfinke, *Menschliche Kunst: A Study of Scatology in Modern German Literature*, Diss. Baltimore 1977.
[48] A.a.O., S. 44; Gemeint ist das Kapitel „*Den Kot beschauen*" aus „*Der Butt*" von 1977.
[49] A. a. O., S. 41.
[50] Ebd.
[51] A. a. O., S. 44.
[52] Vgl. A. a. O., S. 48f.
[53] Vgl. A. a. O., S. 56; Zitate ebd.
[54] Ebd.

zeichneten sich durch starke skatologische Färbung aus: *„Luther bekämpfte Feuer mit Feuer, und seine Antworten an den Teufel beschlossen das unvermeidliche LMIA mit ein."*[55]

Einen weiteren Beweis für seine These findet Dundes bei Wolfgang Amadeus Mozart, der *„in seinen Briefen an die Familie eine wahrhaft außerordentliche Faszination für Analität* [offenbart]. *Ich glaube tatsächlich, daß sein Schwelgen in Fäkalmetamorphorik bis heute unübertroffen ist.*[…] *Der entscheidende Punkt ist hier genau der, daß er, wie Deutsche und Österreicher unserer Tage, großen Spaß an analen Anspielungen hatte."*[56] Dundes zitiert ausführlich entsprechende Briefstellen, und führt darüber hinaus auch einen Werkbeleg an: *„Mit Sicherheit der beste Beweis für Mozarts Liebe zum LMIA ist die Tatsache, daß er es als Text für eine Reihe von Kanons verwendete."*[57] Diese Kompositionen stellen für Dundes *„perfekte Mikrokosmen des deutschen Nationalcharakters"* dar. In Bezug auf einen Gedanken Richard Wagners[58] formuliert er:

> *„Die endlose Wiederholung des LMIA, in Musik umgesetzt und mittels beteiligter Stimmen, die das gleiche, wenn auch zeitversetzt, singen, ist eine musikalische Darstellung der zentralen These dieser Untersuchung."*[59]

Während nun Mozart in fäkalen Metaphern schwelge, habe ein weiterer großer Deutscher, sein Zeitgenosse Johann Wolfgang von Goethe, jedoch ein sehr ambivalentes Verhältnis zu Fäkalien:

> *„Goethes Ekel vor (und doch beachtliches Interesse an) fäkalischen Angelegenheiten wird auf seiner Italienreise deutlich (1786 – 1788), bei der er sich wiederholt über den Dreck, den er auf den Straßen fast jeder italienischen Stadt findet, beklagt. […] Trotz seiner Sorge um Sauberkeit war Goethe* [jedoch] *nicht ganz ungeneigt, gelegentlich mit ein wenig fäkalischem Schlamm um sich zu werfen."*[60]

So schrieb er beispielsweise *„einen kurzen obszönen Einakter mit dem Titel ‚Hanswursts Hochzeit oder Der Lauf der Welt. Ein mikrokosmisches Drama'"*[61]. Dieser Einakter, der mit Personen wie *Hans Arsch von Rippach, Scheißmatz, Thoms Stickloch* oder *Blackscheisser* bestückt ist, verbinde Dundes zufolge die traditionelle deutsche Volksgestalt *Hanswurst* mit allerlei fäkalen Sachverhalten.[62]

Die letzte im Buch behandelte deutsche Persönlichkeit ist Adolf Hitler, dem durch Rückgriff auf Erich Fromms Begriff der Nekrophilie[63] eine *„zwanghafte Neigung zur übermä-*

---

[55] Dundes, S. 57.

[56] A. a. O., S. 61.

[57] A. a. O., S. 64.

[58] Wagner sieht im Kanon das Leben des Menschen dargestellt, das sich als gleiches Thema stets selber ergänzt.. Vgl. R. Wagner, *Das braune Buch. Tagebuchaufzeichnungen 1865 – 1882*, Zürich 1975.

[59] A. a. O., S. 66.

[60] A. a. O., S. 67.

[61] A. a. O., S. 66.

[62] Vgl. Dundes, S. 66.

[63] Fromm zufolge vereine die Nekrophilie in sich die Leidenschaft für Zerstörung und Fäkalien, und dokumentiere sich unter anderem in einer Vorliebe für üble Gerüche. Vgl. dazu E. Fromm, *Anatomie der menschlichen Destruktivität*, Stuttgart 1974, speziell das Kapitel *Adolf Hitler. Ein klinischer Fall von Nekrophilie*.

ßigen Sauberkeit" [64] attestiert wird. Dieser neurotische Zug sei auch der Grund für eine extreme Analfixierung:

> *„Tatsächlich war Hitler selbst von der Vorstellung besessen, daß sein Körper Nahrung in Fäkalien umwandelte. Berichte bestätigen seine Angst, sein Körpergeruch könnte unangenehm sein. [...] Er war davon überzeugt, daß der Verzehr von Gemüse den Geruch seiner Blähungen verbessern würde."* [65]

Hitlers derart zwanghaftes Verhalten spiegle sich in den zahlreichen Schmutzanalogien wider, mit denen er seine Gegner belegte. Dundes zitiert dafür Robert Waite:

> *„Hitler sprach häufig über Schmutz. Leute, die er nicht mochte, beschrieb er normalerweise als dreckig. Daher hatten die Lehrer, die ihm unbefriedigende Noten gaben, ‚schmutzige Hälse und ungepflegte Bärte'; moderne Künstler saßen auf dem ‚Misthaufen literarischen Dadaismus'; und Liberale waren ‚schmutzig und verlogen' ... Die Juden waren besonders schmutzig. [...] ‚Wenn die Juden allein auf dieser Welt wären, würden sie ... in Schmutz und Dreck ersticken.'"* [66]

Ein weiterer nekrophiler Zug Hitlers sei seine angebliche Koprophilie, die Dundes jedoch als nicht eindeutig nachzuweisen ansieht:

> *„Ob Hitler solchen sexuellen Aktivitäten frönte oder nicht, es gibt genug andere Hinweise auf seine anale Fixierung. Selbst seine ursprüngliche Berufswahl, Maler, hat möglicherweise eine Bedeutung in diesem Zusammenhang."* [67]

E. ANTISEMITISMUS

Mit Hitler eng verknüpft, sieht Dundes auch die speziell deutsche Eigenart des Antisemitismus, bei der Juden oft mit Dreck assoziiert werden. Dazu führt er unter Anderem das Beispiel der *„Judensau"* an, bei der diese Assoziation anschaulich wird: *„Schweine fressen Scheiße und Juden saugen an Schweinen. Daher nähren sich Juden indirekt von Fäkalien"* [68] Auch Luthers Antisemitismus wird in diesen Kontext gesetzt, und besonderes Augenmerk auf seine Metaphorik gelegt, die im weitesten Sinne hygienischer Art sind.[69] Dundes sieht hier eine Kontinuität zur Shoa:

> *„Schon hier, im Jahre 1543, erkennt man die Saat der Kristallnacht. [...] Es gibt gute Gründe für die Annahme, daß die Verbindung von Juden und Schmutz in der Ideologie Nazideutschlands kulminierte, und schließlich in dem Ziel mündete, Deutschland judenrein zu machen."* [70]

Vermittels entsprechender Erlebnisberichte beschreibt Dundes die nationalsozialistische Praxis, in Konzentrationslagern Gefangene systematisch Dreck und Fäkalien auszu-

---

[64] Dundes, S. 118f.
[65] Ebd.
[66] R. G. L. Waite, *The Psychopathic God: Adolf Hitler*, New York 1977, S. 25; dt. zit. n. Dundes, S. 118.
[67] Dundes, S. 120; Dundes geht auf diese Behauptung jedoch nicht weiter ein, sondern postuliert lediglich *„eine mögliche Beziehung zwischen Malerei und fäkaler Neigung"* anhand des Kinnereimes *„Maler und Lackierer / Beschisser und Beschmierer"*.
[68] A. a. O., S. 107.
[69] Vgl. A. a. O., S. 107ff.
[70] A. a. O., S. 109.

setzen. Er sieht hier eine weitere *„Illustration des bedeutsamen Unterschiedes zwischen jenen, die auf jemanden scheißen, und jenen, auf die geschissen wird.“*[71] Dundes deutet diese Praxis psychoanalytisch (worauf im folgenden Kapitel genauer einzugehen sein wird), und sieht in ihr die Konsequenz der deutschen Sozialisation:

> *„Das fanatische Interesse an rassischer Reinheit ist zum Teil eine Verlängerung der Reaktionsbildung aus der strengen Reinlichkeitserziehung von Kleinkindern. Die Umsetzung solch einer rassischen Phantasie in grauenhafte Realität führte zum Holocaust.“*[72]

4. MOTIVATION

Die beschriebenen Phänomena deutet Dundes in der Tradition der Psychoanalyse.[73] Demnach sei die scheinbare Monothematik der deutschsprachigen Folklore Ausdruck einer psychischen Disposition, die sich durch den Sozialisationsprozess konstituiert. Die als deutsche Eigenschaft schlechthin bezeichnete Liebe zu Sauberkeit und Ordnung liefert dabei den Schlüssel zu einem spezifischen Deutungsansatz:

> *„Das deutsche Interesse an Sauberkeit wäre ein erstklassiges Beispiel für die Reaktionsbildung in Begriffen der Theorie des analerotischen Charakters.“*[74]

Demnach (und der Argumentation der Psychoanalyse folgend) ist der deutsche Charaktertyp ein primär zwanghafter. Dieser Charaktertyp zeichnet sich unter Anderem durch Sparsamkeit, Genauigkeit und ein erhöhtes Kontrollbedürfnis aus, und greift als unbewusste Kompensation mentaler Konflikte oft auf Abwehrmechanismen wie Rationalisierung und Reaktionsbildung zurück. Rationalisierung bedeutet im psychoanalytischen Sinne eine betont nüchterne, rationale Rechtfertigung für getätigte Handlungen, während unter Reaktionsbildung eine dem ursprünglich gehegten Wunsch oder Trieb entgegengesetzte Handlung zu verstehen ist. Laut der psychoanalytischer Theorie sind die Ursache für derart zwanghaftes Verhalten Triebe, die in extremer Art unterdrückt wurden. Speziell der analerotische Charakterzug kann entstehen, wenn in der analen Phase der psychosexuellen Entwicklung der natürliche Umgang mit Fäkalien behindert wird.

> *„Wenn wir den deutschen Nationalcharakter durch einen Rückgriff auf analerotische Züge erklären wollen, müssen wir die entscheidenden Einzelheiten der Reinlichkeitserziehung untersuchen. [...] Ich glaube, demonstrieren zu können, daß die aus der Folklore gewonnenen Daten erstklassiges Beweismaterial für die Beziehung zwischen Reinlichkeitserziehung und dem deutschen Interesse an Ordnung und Sauberkeit bieten.“*[75]

Dundes zufolge findet bei deutschen Kindern die Reinlichkeitserziehung überdurchschnittlich früh statt. Während als *„interkulturelle Norm [...] grob vierundzwanzig Mona-*

---

[71] Dundes, S. 114.

[72] A. a. O., S. 109.

[73] Vgl. dazu W. Schmidbauer, *Die Psychoanalyse nach Freud*, Stuttgart 2006; außerdem das Kapitel *„Die Psychoanalyse und ihre Auswirkungen"* in W. Schulz, *Philosophie in der veränderten Welt*, Pfullingen 1972.

[74] A. a. O., S. 77.

[75] Dundes, S. 79ff.

te" angenommen wird, stellt er im deutschen Raum unter Berufung auf David Rodnick eine *„Reinlichkeitserziehung ungefähr im Alter von fünf Monaten"* fest.[76] Dem Brauch des Wickelns kommt dabei eine besondere Bedeutung zu:

> *„Denn selbst wenn mit der Reinlichkeitserziehung im Alter von einem Jahr oder früher begonnen wird, gibt es schließlich einen längeren Zeitraum vor dieser Erziehung, und ich bin der Meinung, daß diese früher Zeit für die Herausbildung der Erwachsenenpersönlichkeit ebenso entscheidend sein kann."*[77]

Die bis Anfang des 20. Jahrhunderts praktizierte Art des Wickelns zeichne sich speziell in Deutschland durch eine besondere Rigorosität aus: Unter Berufung auf zwei zeitgenössische Erfahrungsberichte[78] beschreibt Dundes das deutsche Wickeln als Vorgang, bei dem der Säugling in seinem ersten Lebensjahr entweder in enge Bandagen gewickelt, oder in ein sog. Steckbett gelegt wird.[79] Dabei werde ihm nur ein Minimum an Körperhygiene zuteil, und es bleibe dem Kind nichts anderes übrig, als *„in seinem eigenen Kot und Urin stecken zu bleiben."*[80]

Wickeln und frühe Reinlichkeitserziehung seien demnach Anstoß, aber zugleich auch Ausdruck einer Reaktionsbildung:

> *„Eine unter dem Einfluß der Reaktionsbildung stehende Mutter könnte sich einfach nicht mit den Fäkalien ihres Säuglings beschäftigen wollen. So würde sie zuerst Zuflucht zum Wickeln mit minimalem Wechsel nehmen, um später, jedoch so früh wie möglich, mit der Reinlichkeitserziehung des Säuglings anzufangen."*[81]

Diese *„deutsche Doppelfaszination von Sauberkeit und Schmutz"* wird als Teil des deutschen Nationalcharakters aufgefasst,[82] und als solcher auch als durch die Sozialisation determiniert angesehen: Im Sinne der psychoanalytischen Theorie werden die anale Phase und der normale Umgang mit Fäkalien durch eine autoritäre Kraft gestört, und es kommt zur Ausbildung von analen, zwanghaften Charakterzügen. Diese führen wiederum zu Reaktionsbildung, und innerhalb der Humanisation des eigenen Säuglings zu einer unbewussten Weitergabe der Charaktermerkmale.

5. ZUSAMMENFASSUNG UND KRITIK

Der Nationalcharakter sei also eine Kombination spezifischer Persönlichkeitseigenschaften, die von nahezu allen Mitgliedern einer nationalen oder ethnischen Gruppe geteilt werden. Diese Eigenschaftskombination manifestierte sich unbewusst in der ethnologisch erfassbaren Folklore, in der sie durch Oicotypologisierung sichtbar gemacht werden könne. Im Fall des deutschsprachigen Kulturkreises werde sichtbar, dass dessen

---

[76] D. Rodnick, *Post War Germans: An Anthropologist's Account,* New Haven 1948, S. 18; Zitate nach Dundes, S. 79f.
[77] Dundes, S. 83.
[78] Vgl. H. Mayhew, *German Life and Manners as Seen in Saxony at the Present Day.* 2 Bde., London 1864 und C. U. Sidgwick, *Home Life in Germany,* New York 1912.
[79] Vgl. Dundes, S. 86ff.
[80] A. a. O., S. 91.
[81] Ebd.
[82] Vgl. Dundes, S. 92; Zitat ebd.

Folklore in überdurchschnittlich hohem Maße von Analität geprägt ist. Demnach sei auch der deutsche oder deutschsprachige Nationalcharakter analfixiert. Diese Analität sei auf rigoroses Wickeln und frühe Reinlichkeitserziehung zurückzuführen, da eine derartige Erziehung zwanghaftes Verhalten zufolge hat, die sich wiederum in einer Reaktionsbildung äußert.

Diese Ausführungen Dundes' können jedoch in vielerlei Hinsicht kritisiert werden. Auch wenn auf ganze fundamentale Kritik, beispielsweise an der Psychoanalyse und dem Konzept des Nationalcharakters selbst, verzichtet wird, bieten sich mehrere Ansatzpunkte für Auseinandersetzungen.

Als erstes lässt sich ein argumentativer Zirkelschluss feststellen. Dundes gibt als selbstgesetztes Ziel an, eine fundamentale Frage zu erörtern: *„In welchem Umfang, wenn überhaupt, spiegelt die Folklore einer bestimmten Gruppe den besonderen Charakter dieser Gruppe wider?"*[83] Das bedeutet, dass es Dundes erklärtes Ziel ist, die Korrektheit einer Methode zu ermitteln. Das gesamte Buch dient nun dazu, anhand dieser Methode Ergebnisse zu erarbeiten. Schließlich gibt er am Ende des Buches triumphierend bekannt: *„Wenn ich aus dieser Arbeit etwas gelernt habe, dann dies, daß die Folklore in direkter, unzensierter Weise die grundlegenden Wahrheiten eines Volkes zum Ausdruck bringt"*.[84]

Der Zirkelschluss liegt nun in der Tatsache, dass Dundes ein Verfahren verifizieren möchte, dessen Ergebnisse er als Prüfstein für das Verfahren selbst verwendet. Seine Argumentation wäre nur dann logisch korrekt, wenn die Ergebnisse bereits in anderem Zusammenhang als gesicherte Fakten oder *„grundlegende Wahrheiten"* geltend gemacht worden wären, und er mittels der zu prüfenden Methode bereits allgemein anerkanntes zu Tage gefördert hätte. So jedoch ermittelt er Ergebnisse, die ihm wiederum als Verifizierung eben jener Methode dienen, die diese Ergebnisse zutage gefördert haben.

Neben dieser argumentativen Unzulänglichkeit findet sich eine weitere, methodische Schwachstelle. Dundes arbeitet sehr eklektisch, das heißt oberflächlich und ohne Sachkenntnis auf fremdem Gebiet. Ein paar Beispiele:[85]

Dem Satz *„Jedes Schulkind lernt, daß die Druckerpresse im fünfzehnten Jahrhundert in Deutschland erfunden wurde, und das Johann Gutenbergs Bibel das erste gedruckte Buch war"*[86] schließt sich eine mehrseitige Beweisführung an, dass Buchdruckerei mit Fäkalien zu tun habe. Nun ignoriert Dundes die vielschichtige Entwicklungen die zur Erfindung des Buchdrucks geführt haben, er ignoriert die parallele und unabhängige Entwicklung in asiatischen Ländern und er verkennt völlig, dass Johann Gutenberg eben nur den Druck mit beweglichen Typen, nicht jedoch den Buchdruck an sich erfunden hat.

Desweiteren ist die Behauptung, Luther habe seine Erkenntnis gehabt, *„als er in einem Turm auf dem Klo saß"*, nicht nur unseriös, sondern schlichtweg falsch. Das vermeintli-

---

[83] Dundes, S. 11.
[84] A. a. O., S. 129.
[85] Alle folgenden Ausführungen referieren lediglich enzyklopädisch erschlossenes Wissen.
[86] Dundes, S. 101.

che *Turmerlebnis* ist alles andere als ein Faktum, und wird sogar von der protestantischen Kirche ins Reich der Legenden verwiesen.

Auch die Behauptung, die deutsche Bäderkultur sei eine reine Schlammbäderkultur, ist falsch. Dass ein Großteil bereits auf römische Gründung zurückzuführen, und dass das Schlammbad erst durch die französische Besatzungsmacht um 1800 populär wurde, scheint Dundes ebenfalls nicht bekannt zu sein.

Schließlich ist auch „*die deutsche Liebe für Blasinstrumente – insbesondere Blechblasinstrumente – wie es aus dem Humtata der deutschen Biergarten-Kapellen und dem kultivierten Einsatz in der Musik von Beethoven und Wagner offensichtlich ist*"[87] alles andere als genuin deutsch. Der kunstmusikalische Einsatz von Blechbläsern ist ein paneuropäisches Phänomen pluralistischer Provenienz, und das maßgeblich für das „*Humtata der deutschen Biergartenkapelle*" verantwortliche Sousaphon die Erfindung eines amerikanischen Militärmusikers.

Obgleich die psychoanalytische Deutung der Phänomena sicherlich interessant und aufschlussreich ist und durch den Zirkelschluss in ihrem Wert nicht beeinträchtigt werden, ist die größte Schwachstelle des Buches die Oberflächlichkeit, mit der Alan Dundes seine Zielkultur untersucht. Dieser allgemeine Eklektizismus gibt der Arbeit einen unseriösen, populärwissenschaftlichen Anstrich und entwertet einige der interessanteren Denkanstöße, die es lohnen würde, weiterzuverfolgen. Gerade die Behandlung heikler Themen wie Antisemitismus und Shoa lassen einiges an Sensibilität und Differenziertheit zu wünschen übrig, und die manchmal subtile, manchmal hemdsärmelige Arroganz ist sicher ein Grund für die negativen Reaktionen auf dieses Buch, aber auch auf ihren Autor.

---

[87] Dundes, S. 99.

7. MEDIOGRAPHIE

Bücher

- BORNEMAN, Ernest (= Bornemann, Ernst). *Sex im Volksmund: Die sexuelle Umgangssprache des deutschen Volkes*, Hamburg 1971.
  Ders. *Unsere Kinder im Spiegel ihrer Reime, Verse und Rätsel* (= *Studien zur Befreiung des Kindes I*), Olten 1973.
  Ders. *Die Umwelt des Kindes im Spiegel seiner „verbotenen" Lieder, Reime, Verse und Rätsel* (= *Studien zur Befreiung des Kindes II*), Olten 1974.

- DUNDES, Alan. *Sie mich auch!*, München 1987

- FROMM, Erich. *Anatomie der menschlichen Destruktivität*, Stuttgart 1974.

- MAYHEW, Henry. *German Life and Manners as Seen in Saxony at the Present Day*, London 1864.

- SCHMIDBAUER, Wolfgang. *Die Psychoanalyse nach Freud*, Stuttgart 2006.

- SCHULZ, Walter. *Philosophie in der veränderten Welt*, Pfullingen 1972.

- SIDGWICK, Cecily Ullman. *Home Life in Germany*, New York 1912.

- WAGNER, Richard. *Das braune Buch. Tagebuchaufzeichnungen 1865 – 1882*, Zürich 1975.

- WAITE, Robert George Leeson. *The Psychopathic God: Adolf Hitler*, New York 1977.

Webseiten (Stand: Juli 2007)

- AMERICAN FOLKLORE SOCIETY: *http://www.afsnet.org*

- LA-TIMES ARCHIVE: *http://www.latimes.com/news/archives/*

- UNIVERSITY OF BERKELEY: *http://anthropology.berkeley.edu/*